COMPTINES
POUR UN
ORCHESTRE

Du même auteur

Outre les titres parus dans la collection

1, 2, 3 coups... Gare au loup !
Du rififi chez les fées
À chacun son rôle
Les Pièces d'or de l'oncle Hector
ACTES SUD JUNIOR

101 Poésies et comptines
101 Poésies et comptines des quatre saisons
101 Poésies et comptines tout autour du monde
BAYARD

De la même illustratrice

Les Trois Petits Flocons
GRASSET

Les Rives de Noé
NATHAN

Série "Giboulées – Dr Catherine Dolto-Tolitch"
GALLIMARD

Les Petits Lascars
Les Petits Cousins
DIDIER JEUNESSE

ISBN 2-7427-3453-8

Loi 49-956 du 16 juillet 1949
sur les publications destinées à la jeunesse

Les Petits Bonheurs

CORINNE ALBAUT

COMPTINES POUR UN ORCHESTRE

Illustrées par
JOËLLE BOUCHER

ACTES SUD JUNIOR

Pour Charles et Maxence.

Sonnailles et tambourins

Les crécelles et les hochets,
C'est plutôt pour les bébés.

Les sonnailles et les grelots,
C'est plutôt pour les chevaux.

Tambourins et castagnettes,
C'est plutôt pour faire la fête.

Calebasses et maracas
C'est le carnaval qui passe !

Tape tape

Tape tape le jour
Sur un tambour.
Tape tape la nuit
Sur la batterie.

Tape tape là-haut
Sur les bongos.
Tape tape là-bas
Sur les congas.

Tape sur des timbales,
Tape sur des cymbales,
Tape tape, dong dong,
Sur le gong.

Harmonica melodia

On dirait un sourire
Qui fleurit et s'étire
Sur un clavier de notes
Rangées comme des quenottes.

Il a besoin de peu,
Il ne fait pas le fier.
À peine un souffle d'air
Et le voilà heureux.

Prêt à chanter la joie
D'être un harmonica.

Ding dong, carillons

Pourquoi les a-t-on mises
Au sommet des églises,
Les cloches des carillons ?

C'est que du haut des clochers
On les entend carillonner
Très loin, jusqu'à l'horizon !

Clac et cloc, wood-block

Clac cloc, clac cloc,
Un cheval passe par là,
Au pas, au pas.

Clac cloc, clac cloc,
J'entends le son des sabots,
Au trot, au trot.

Clapa cloc, clapa cloc,
Est-ce le bruit du cheval
Qui galope et qui s'emballe ?
Non ! C'est le wood-block.

Casta-castagnettes

Elles s'entrechoquent et cliquettent,
Les casta, les castagnettes,
Tac-a-tac-a-tac-a-tac-a-tac
Clic-clac.

Comme des poules qui caquettent,
Des commères qui rouspètent,
Tac-a-tac-a-tac-a-tac-a-tac
Clic-clac.

Elles se font des courbettes,
Des cancans et des causettes,
Tac-a-tac-a-tac-a-tac-a-tac
Clic-clac.

Mirliton, tontaine et tonton

Gaston ne joue de rien.
Il ne chante pas bien,
Mais il aime les chansons.

Sa tante et son tonton
Lui offrent un mirliton.
Le voilà musicien !

Il joue pour ses copains
Ou tout seul dans son coin.
Il est content, Gaston.

Do, ré, mi, fa, sol-fège !

Que raconte le solfège ?
De bien étranges histoires
De portées, d'accords, d'arpèges,
De blanches, de rondes, de noires.

Quant aux soupirs, aux pauses,
Aux mesures et aux clés,
Aux bémols moroses
Et aux dièses guillerets,
Ils jouent à saute-mouton
Le long des partitions.

C'est ainsi que l'on compose
Les musiques et les chansons.

Sa Majesté, le piano

Pour travailler, chez soi,
Il est tout simple et droit.

Mais les soirs de gala,
Le voilà roi.
Dans son habit laqué,
Il s'étale sur scène
Et déroule son clavier
Devant sa longue traîne.

Fier et majestueux,
C'est le piano à queue.

Du vent dans les bois

Il joue haut, le hautbois,
Il a une drôle de voix.

Il joue bas, le basson,
Il fait de drôles de sons.

Elle joue clair, la clarinette,
Des musiques de fête.

Quant à la flûte traversière,
Elle sifflote, douce et légère.

En avant, la musique !

Un, deux, un, deux, cornets à pistons,
Un, deux, un, deux, tubas et trombones,
Un, deux, un, deux, trompettes et clairons,
Un, deux, un, deux, cors et saxophones.

La fanfare marche droit.
Les tambours marquent le pas.
Les cymbales tapent les temps,
Zim boum boum, et on reprend.

Un, deux, un, deux…

Il pleut des cordes

Moi, annonce Roberto,
J'ai choisi le violon solo,
Et moi, déclare Thibaut,
Le violon alto.

Moi, dit doucement Joël,
Je préfère le violoncelle.

Mais pour Chloé, rien ne remplace
La contrebasse.

Le concert va commencer,
À vos archets !

Le *la*

Quand le hautbois donne le *la*,
Tout l'orchestre se met au pas.

Chacun accorde
Son instrument :
Les cuivres, les cordes,
Les bois, les vents,
Et les percussions,
Tout au fond.

Les musiciens lèvent la tête
Vers le chef et sa baguette.
Sur scène, plus un mouvement.

Dans la salle, plus un bruit.
Le cœur battant, on attend…
Place à la symphonie !

La voix

Tout le monde sait jouer
Du plus beau des instruments :
Les enfants et les bébés,
Les papas et les mamans.
Cet instrument, c'est la voix.
Qu'elle soit grave ou bien aiguë,
Chacun a la sienne et de plus,
Il l'a toujours avec soi.

Les grandes orgues

L'orgue est si grand, si grand,
Ses tuyaux si hauts, si hauts,
Le son si puissant, si puissant,
Que pour l'accueillir, il lui faut
Une église, une cathédrale,
Vaste comme un bateau géant,
Qui écouterait dans ses voiles
Chanter le vent de l'océan.

Instruments d'antan

Autrefois, dans les salons,
Quand on voulait faire la fête,
Il était de très bon ton
De jouer de l'épinette,
Du clavecin et du luth,
De la viole et de la flûte.
Quelquefois même, on dansait
La gavotte ou le menuet.

Madame la harpe

Un rideau de cordes tendues,
Des plus graves aux plus aiguës.
Elle égrène des arpèges,
Légers comme des flocons de neige,
Elle cisèle des mélodies,
Perlées comme des gouttes de pluie.

L'appel du cor

Entends-tu cette voix
Qui sonne au fond des bois ?

C'est hélas l'hallali.
Les chasseurs sont de sortie
Avec les chiens et les fusils.

Fuyez, biches et lapins !
L'écho du cor, au loin,
N'annonce rien de bien.

Pourquoi musique si belle
Signifie-t-elle
Mort si cruelle ?

Le cri de l'olifant

C'était une défense d'éléphant.
On en a fait un instrument.
Si l'on souffle dedans,
Son cri déchirant
Ressemble à un barrissement.

Le souffle de l'Écosse

À quoi donc s'amusent
Les gentlemen écossais ?
Ils tirent des sons aigrelets
De leurs cornemuses.

Les notes qui fusent
De ces drôles d'oreillers
Courent dans les châteaux hantés,
Et ça les amuse !

La flûte de Pan

Petit orgue miniature,
En bouts de bambous liés,
Il chante dans la nature
Des ritournelles de berger,
Fragiles comme un murmure
Porté par le vent d'été.

Plis et replis

Il aspire, il expire,
Se plie et se déplie,
Il respire, il soupire,
En soufflant ses mélodies,
Entre clavier et boutons.
C'est l'accordéon.

Vibra-xylophones

Promenons-nous sur la gamme
Avec un marteau de bois,
Tapotons sur les lames
Pour voir ce qui sortira.

Vibraphones,
Xylophones,
Vos timbres sonnent
Et résonnent.

Vous avez de jolies voix !

Magique et synthétique

Un clavier électronique,
C'est magique pour la musique.
Tu appuies sur ce bouton
Et tu entends un violon.

Sur celui-ci,
C'est une batterie,
Sur celui-là,
C'est un hautbois.

Par ici, une trompette,
Par là, une clarinette.
Il sait tout par cœur,
Le synthétiseur !

La guitare :
six cordes à son arc !

Elle marque le tempo
Pour les danseurs de flamenco.

Elle chavire les Latinos
Lorsqu'ils chaloupent le tango.

Elle pleure le blues dans la nuit,
Sur les bords du Mississippi.

Elle fait swinguer l'Amérique
En jazzant sur la rythmique.

Elle s'éclate et fait la folle
Avec les dingues de rock n'roll.

Elle cogne et frappe et tape
En martelant les mots du rap.

Le cœur du violon

Sur les cordes du violon,
Les notes joyeuses volent,
Caracolent et cabriolent,
Légères comme des papillons,
Et les notes tristes pleurent
Comme s'il y avait un cœur
À l'intérieur du violon.

Cache-cache images

Clin d'œil de l'illustrateur,
des dessins malins se sont amusés
à se retrouver ici !
Si tu sais lire les images,
tu sauras avec bonheur retrouver
pour chacun la bonne page.

Table des comptines

Création de la collection :
Studio de création
de Repères Communication

Direction artistique et réalisation :
Studio graphique Actes Sud Junior

Reproduit et achevé d'imprimer
en août 2001
par l'imprimerie Clerc
à Saint-Amand-Montrond
sur papier des
Papeteries de Jeand'heurs
pour le compte des éditions
ACTES SUD
Le Méjan
Place Nina-Berberova
13200 Arles.

Dépôt légal
1re édition : septembre 2001
N° impr.7665
(Imprimé en France)